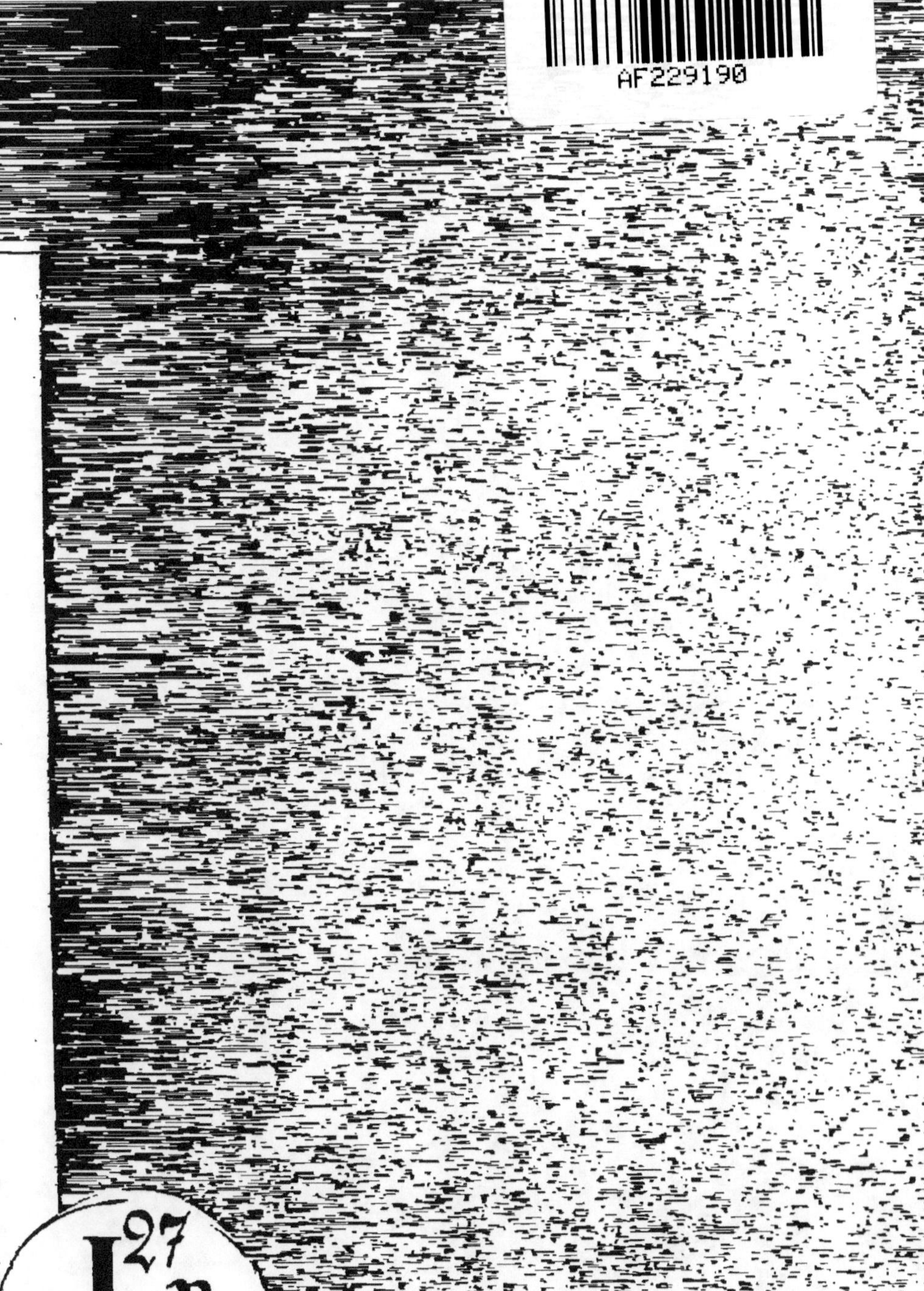

BIBLIOTHÈQUE

CHRÉTIENNE ET MORALE

APPROUVÉE

PAR MGR L'ÉVÊQUE DE LIMOGES.

—

Tout exemplaire qui ne sera pas revêtu de notre griffe sera réputé contrefait et poursuivi conformément aux lois.

ALEXANDRINE

OU

LE SORT DIGNE D'ENVIE.

ALEXANDRINE

OU

LE SORT DIGNE D'ENVIE.

LIMOGES:

BARBOU FRÈRES, IMPR.-LIBRAIRES

ALEXANDRINE.

La sainteté digne de la
complaisance et des récom-
penses magnifiques du Tout-
Puissant, ne doit pas se

compter, ne doit pas se me-
surer par les années ; devant
l'Eternel , tous les siècles
sont comme un point ; et devant son incommensurable
sagesse , devant son infailli-
ble lumière , la plus courte,
la plus rapide aurore , peut
l'emporter sur une étonnante
longévité. Enfants des hom-
mes , qu'est-ce donc avoir
vécu cent ans sur la terre ,

qu'est-ce avoir, durant un si long espace de temps, chargé le sol des vivants du poids de votre dépouille mortelle? Hélas ! si pendant cent ans vous avez vécu pour le monde, pour le démon, pour la chair et pour vos passions, vous n'avez pas en réalité vécu un seul instant pour vous-mêmes ; malheureux donc, et trop malheureux le vieillard qui ne sut pas éclairer ses pas du flambeau sacré de l'Evangile ! il serait mille fois plus à plaindre si, en ouvrant les yeux sur la scène passagère des choses d'ici-bas, il eût refermé pour jamais ses paupières; si, prenant en main la coupe de son existence parmi nous, il l'eût au même instant laissé tomber et se briser ; mais, au

contraire , heureux du seul
bonheur véritable , le jeune
cœur qui n'a lutté, qui n'a
soupiré qu'un matin , mais
dont les instants qui s'envo-
lèrent ont été marqués par
de beaux traits de vertu !
Fortunée créature ! que son
sort est digne d'envie ! elle
n'a pas respiré pour le temps,
qui n'est qu'une ombre, qu'une
vapeur légère ; elle n'a goûté

le sentiment, elle n'a bu au
calice de la vie que pour en
rendre utiles toutes les mi-
nutes, que pour les consa-
crer sans réserve au service
du souverain Maître ; telle
vécut et mourut une Fran-
caise émigrée, qui ne vit pas
son troisième lustre, et re-
cueillit cependant le mérite
de beaucoup d'années. Fille
du vicomte et de la vicom-

tesse du Tour , Alexandrine
avait montré dès son berceau
le goût et l'amour de la
piété ; sa jeune âme , pure
comme une des intelligences
célestes, avait fui constam-
ment l'ombre du mal ; ses
regards , ses pensées , ses
sentiments, tout en elle avait
été pour Dieu seul et pour sa
gloire. En 1797, elle as-
sista à des instructions com-

munes , établies à Londres pour préparer les enfants des émigrés français à leur première communion. En ornant son esprit des plus importantes vérités chrétiennes, elle s'était enrichie des dons sublimes de la grâce : attention, docilité, ouverture du cœur , ardeur de la prière , empressement à tout genre de bien conforme à sa capa-

cité , ferventes et continuel-
les aspirations vers le trône
·de l'Agneau , dévotion filiale
à Marie, zèle à remplir tous
ses devoirs , rien en elle qui
ne promît à sa respectable
mère le plus heureux avenir:
pour elle, Alexandrine devait être un modèle de piété,
comme à ses frères et à ses
sœurs , un touchant exemple
de régularité et de vertus.

Son application et sa fer-
veur la firent admettre parmi
les enfants qui devaient pour
la première fois de leur vie
participer au pain des An-
ges. Mais, mon Dieu, quelle
admirable préparation votre
petite et innocente créature
apporta à l'examen de sa
conscience ! aux yeux de sa
foi, l'ombre d'une faute fut
un crime : du moins son cœur

en jugea de même, et sa con-
fession générale se termina
par des torrents de larmes
qu'elle répandit au souvenir
des faiblesses qui échappent
à la fragilité de la nature ;
déjà parmi ses compagnes
elle fut reconnue ; citée comme la fidèle imitatrice des
David et des Manassès, des
Pierre et des Magdeleine. De
vieux pécheurs, d'anciens

ennemis de la vertu, revenus aux principes et à la morale du christianisme, ambitionnaient la rare componction de la jeune pénitente ; mais que ne se montra-t-elle point au plus beau de ses jours ? Elle y parut encore au - dessus d'elle-même ; elle avait soupiré après le paradis de la terre, elle avait salué avec transport cette chère aurore

qui commençait pour elle le
cours de sa félicité ; elle vole
à la maison du Seigneur , et
appelle avec une innocente
importunité le moment du
triomphe de son amour : là,
au milieu de tous les com-
muniants, elle fixait les regards par son attitude , par
son anéantissement , par sa
physionomie toute angélique,
et par les larmes délicieuses

qui inondaient son visage.
Mais, à l'instant où le Saint
des saints descendit en son
âme, elle ne put contenir
plus longtemps les transports
de sa joie. Ses soupirs s'é-
chappèrent, ses longs et si
excessifs sanglots retentirent
dans l'enceinte sacrée ; tous
les cœurs furent pénétrés,
tous les yeux furent mouillés
en se fixant sur l'enfant béni

qu'ils voyaient au milieu d'eux. On eût voulu recueillir ses gémissements comme autant de perles précieuses ; son âme était alors et si belle et si pure !

Une année s'écoula depuis ce moment jusqu'à celui où la jeune Alexandrine entendit sonner le premier avertissement de la mort ; elle avait été placée dans un éta-

blissement formé, par la gé-
nérosité anglaise , en faveur
des jeunes Françaises, à Ham-
mersmith , près de Londres.
Là, estimée de ses institu-
trices pour son travail , ché-
-rie pour sa piété , admirée et
goûtée de toutes ses com-
pagnes , elle y fut trop peu
de temps pour leur édifica-
tion et pour la jouissance de
leur cœur; on s'aperçut qu'elle

commençait une maladie de langueur qui pourrait dégénérer en componction.

Le 7 mai 1798, elle fut transportée à l'hospice des Françaises malades, sur le polygone à Sommerstwin ; avant d'y paraître, elle avait laissé dans son premier séjour la bonne odeur de ses vertus ; la paix, la sérénité, la douceur, y avaient con-

stamment reposé sur ses lèvres. Mais que ne fut-elle
point dans le second domi-
- cile ! Comme son cœur s'y
épura des taches les plus lé-
gères ! comme sa résignation
y parut parfaite ! sur le lit
de la douleur, où elle languit
plusieurs mois, elle ne se
démentit pas un moment ; à
quelque parti du jour ou de
la nuit que vous la visitas-

siez, toujours vous lui trou-
viez une figure céleste; dans
tous ses traits un doux con-
tentement était marqué ; jamais un mot de plainte, ni
un léger murmure. Si elle
montrait une sorte d'impa-
tience, elle n'était occasion-
née que par le désir ardent
de participer au banquet
eucharistique ; elle en parlait
dans des termes qui ravis-

saient et attendrissaient tous les assistants. Pendant sa longue maladie, elle eut le bonheur de communier cinq fois ; la veille de ces jours d'allégresse, toute hors d'elle-même, elle disait et répétait avec un accent qu'on ne peut rendre, mais qui peignait éloquemment sa vertu :

« Que mon bonheur est grand ! oh ! que je suis heu-

reuse ! » en appelant par
tous ses vœux le moment où
le Dieu trois fois saint l'ho-
norait de sa visite; elle tenait
en main son image sacrée,
ne cessait de coller sur ses
lèvres le crucifix, et, regar-
dant de l'œil le plus tendre
l'image de Marie, conjurait
cette bonne mère d'intercéder
pour elle auprès de son ado-
rable Fils. Le spectacle de

cette jeune personne, souffrant avec de si beaux sentiments, attendrissait tous ceux qui l'approchaient, longtemps elle avait redouté les tourments du purgatoire ; mais, à mesure qu'elle arrivait à sa bienheureuse fin, ses frayeurs diminuaient pour ouvrir son cœur à la confiance. Dans ses jours défaillants, on peut dire qu'elle ne craignait plus , un seul et délicieux sentiment l'absorbait tout entière, elle aimait son Dieu. Le matin de sa mort elle répétait du ton le plus vrai et le plus simple :«Mon cœur nage dans les délices : oh ! que je suis heureuse de mourir ! » Elle demandait au ministre du Seigneur qu'il lui parlât sans cesse de son dernier moment, pour rem-

plir son âme d'allégresse ;
cet ecclésiastique étant connu
de sa famille, elle lui disait
avec une douceur, une paix
charmante : « Oh! Monsieur,
après ma mort, consolez maman et ma sœur Euphrosine. »
Cependant, l'heureuse ago-
nisante revenait bientôt à ses
colloques attendrissants avec
son Dieu, elle prononçait le
nom de Jésus avec un accent

si plein d'onction, que tous
en étaient le plus vivement
émus. Ce petit ange ne vit
point la mort avec ces an-
goisses, ces étouffements,
ces crises, ces convulsions,
qui rendent si effrayants à
la nature la séparation des
deux substances qui compo-
sent la créature humaine.
Celle-ci ne tenait plus à la
terre ; son esprit et son cœur

étaient dans les cieux, son dernier moment semblait le soir du plus beau jour. Prosternée et se blotissant au pied de sa couche funèbre, sa vénérable mère étouffait ses sanglots, comprimait en elle-même sa désolation et recueillait avec une pieuse avidité les paroles de vie qui s'échappaient de la bouche de sa bien-aimée mourante. Dans cette attitude déchirante à la nature, la vicomtesse du Tour ne fut pas aperçue de sa fille ; et là, bien long-temps comptant tous les soupirs de la mort, mais les comptant dans un profond silence, elle disait ensuite :

« Ce que j'ai souffert est incompréhensible; mais aussi que n'ai-je point appris de celle qui me devait le jour ?

Pour contempler l'holocaute jusqu'à ce que l'amour de Dieu l'eût consommé, je n'ai rien dit, je n'ai rien fait qu'unir mon propre sacrifice, et Dieu seul connaît tous le bien que ce courage m'a procuré ; j'ai été comme élevée au-dessus de la nature, et le Seigneur m'a comblée de grâces inattendues. »

Sa chère Alexandrine, s'endormant avec calme dans le Seigneur, s'envola vers son aimable patrie, à trois heures de l'après-midi, le 13 juillet 1793. Quoique le spectacle de sa dernière heure, comme celui des vertus qui l'avaient précédée, fût malheureusement borné aux deux habitations qu'elle avait occupées, on peut dire qu'il fit sur des âmes déjà vertueuses une impression vive et sa-lutaire.

On vint prier autour du lit funèbre ; on y priait avec confiance, le dirai-je, même avec une sorte de joie causée par le souvenir d'une vie si courte, mais si belle ; en appelant les miséricordes sur l'âme qui comparaissait au tribunal de Dieu, on se flattait de deviner son sort dans la sérénité, dans la joie que semblait répéter chacun des traits de son visage ; ce corps inanimé, ce front dé-colorée, ces lèvres couvertes de couleurs livides, ne cau-saient point d'effroi : on re-venait à côté du cercueil, il semblait repandre le parfum des vertus, et annoncer qu'Alexandrine ne demandait pas de pleurs, sinon des pleurs de congratulation sur ses éternelles destinées.

—

LE

PETIT LAURENT.

—

Le petit Laurent Duval était un enfant si mutin, que personne n'aimait à se trouver avec lui. Tout le long du jour, il faisait un vacarme à rompre la tête de ceux qui l'approchaient. Je suis même persuadée que sa tête en était rompue comme celle des autres ; car il était sans cesse à crier et à pleurer ; ce qui donnait à tout le monde des maux de tête violents.

Je vais vous dire quelque chose de sa conduite :

Lorsqu'il avait besoin d'une carte, au lieu de la demander poliment, il frappait du pied et criait : Une carte ! Une carte ! Il me faut une carte ! Qu'on me la donne. Je la veux tout de suite.

S'il laissait tomber sa balle, et qu'elle roulât sous la table, au lieu de se baisser pour la ramasser, il se mettait à crier : J'ai perdu ma balle. Cherchez-moi ma balle. Je la veux.

Il en faisait de même pour tous ses joujoux , et plus il en avait , plus il était malheureux ; car il pleurait, et s'impatientait pour chacun ; et comme son père le punissait de ses mutineries, il fallait encore pleurer pour le châtiment ; en sorte que ses yeux n'étaient jamais sans être pleins de larmes.

Un jour qu'il poussait des cris affreux, parce que son cheval de bois s'était renversé, son papa lui prit tous ses joujoux, pour les porter à une petite fille qui passait devant la porte, et il dit à son fils qu'il n'en aurait pas, jusqu'à ce qu'il eût cessé d'être pleureur et mutin.

Lorsque le petit Laurent vit que son papa donnait effectivement ses jojoux à la petite fille, il se mit à pleurer amèrement pour l'attendrir, et lui promit de se corriger et de n'être plus mutin de sa vie. Mais son papa lui répondit qu'il avait été déjà trompé par ses fausses promesses, et qu'il était résolu de le punir cette fois tout de bon. Il lui conseilla de cesser de crier et de commencer de se corriger dans cet instant même, parce qu'il n'aurait plus de joujoux jusqu'à ce qu'il eût été sage longtemps.

Il ajouta que s'il lui arrivait à dîner de se comporter aussi mal qu'il le faisait quelquefois, il serait mis dans un coin, et qu'il y resterait tout seul pendant que les autres seraient à table.

Lorsque le dîner fut servi, Laurent oublia ce que lui avait dit son père, et il commença, selon sa coutume, à pleurer et à s'impatienter, parce qu'on ne lui avait pas servi de soupe assez tôt. Sa maman lui dit qu'elle était encore trop chaude. Mais il répondit : Non,

non, elle ne l'est pas trop.
Je l'aime bien chaude, moi.
Sa maman lui en servit dans
une assiette avec des navets,
et l'avertit d'attendre un peu,
pour la laisser refroidir.
Laurent ne fit aucune attention à ce sage conseil. Il
prit avidement un navet,
qu'il mit tout entier dans sa
bouche.

Par malheur ce navet était

si chaud , que sa langue en fut toute brûlée. Laurent , qui ne se gênait jamais , voulut étourdir tout le monde de ses criailleries. Mais son père ne lui en donna pas le le temps. Il le prit entre ses bras, l'emporta hors de table, et le mit en prison dans la ruelle , avec un morceau de pain sec pour le reste de la journée.

Vous voyez bien, mes amis, ce qu'il en coûte d'être méchant.

Laurent, dans un seul jour, se vit privé de ses joujoux, se brûla cruellement la langue, et n'eut que du pain à manger. Le pauvre malheureux !... Mais non, tous ces malheurs lui furent très-utiles ; car il sentit la nécessité de se corriger, il en prit la résolution, et il sut l'exécuter courageuse-ment.

LE

PETIT ANTONIN.

—

Le petit Antonin était si malade ; que tout le monde était persuadé qu'il allait mourir. Sa maman prit soin de lui , et le veillait nuit et jour. Les plus grandes fatigues lui paraissaient douces, dans l'espérance de sauver son cher fils. Elle oubliait de manger et de dormir pour le tenir dans ses bras.

Enfin , à force de soins et de remèdes, elle vint à bout de le guérir. Son cœur se flatta que son fils la récompenserait , par son amour , de toutes les peines qu'il lui avait fait prendre. Hélas ! elle y fut bien trompée. Cet enfant, qui avait été un peu gâté par les complaisances que l'on avait eues pour lui pendant sa maladie, devint volontaire, opiniâtre et paresseux.

Dès qu'il se voyait contrarié dans la moindre fantaisie, il ne faisait que crier et grincer des dents. Il n'y avait ni raisons ni menaces qui pussent le faire tenir en repos.

Lorsque sa maman voulut lui apprendre à lire, il ne regardait pas même son livre, et, au bout d'un mois, il n'aurait pas su vous nommer une lettre de son alphabet.

Outre cela, il était de-

venu fort délicat sur sa nour-
riture.

Il n'y avait que certains morceaux qui pussent lui plaire ; et dès qu'il les avait sur son assiette , il les pre-nait à pleine mains et les dé-vorait goulument.

Sa maman fut désolée de lui voir ses défauts. Elle se disait à elle-même : Je suis bien malheureuse. Je me suis excédée de fatigues pendant la maladie de ce petit garçon ; j'ai été sur le point de me rendre malade moi-même pour le guérir ; et voilà comme il me récompense de mes peines. Je crains bien de n'avoir jamais ni paix ni consolation avec lui. Allons, je le vois, il faut le traiter d'une autre manière.

Elle le fit venir aussitôt,

et lui dit, d'une voix fer-
me, que s'il ne voulait pas
changer de conduite, elle
était décidée à l'envoyer tout
de suite dans une pension
où il serait traité avec ri-
gueur, et qu'elle n'irait le
voir que lorsqu'il serait en-
tièrement corrigé. Le petit
garçon fut frappé de cette
menace. Il pensa qu'il ne
serait pas heureux, s'il vi-

vait éloigné de sa maman ;
car il ne devait pas espérer
de trouver en aucun autre
endroit une aussi bonne amie.
Il faut dire aussi qu'il l'aimait véritablement.

Il lui promit donc de faire
à l'avenir tout ce qu'elle lui
dirait, et il commença dès
ce jour même, à tenir un
peu sa parole. Il l'observa
mieux encore les jours sui-

vants. Je ne connais pas aujourd'hui d'enfant qui soit plus aimable.

LA

PETITE LOUISE.

MADAME DURBAN, LOUISE, SA FILLE.

MADAME DURBAN.

Qu'as-tu donc à pleurer, Louise? Tu sais bien que je

n'aime pas à voir pleurer les enfants. Viens ici, et dis-moi ce qui te chagrine.

LOUISE.

Tu le veux, maman ! Je vais te le dire. Mon oncle vient d'envoyer deux gâteaux, l'un pour ma sœur, l'autre pour moi. Celui de ma sœur est le plus grand; et je ne veux pas que le mien soit plus petit que le sien.

MADAME DURBAN.

Fi donc, Louise ! c'est bien vilain. N'as-tu pas de honte de pleurer pour pareille sujet ! Si votre oncle n'avait envoyé qu'un gâteau, tu aurais dû lui en être encore fort obligée, et te trouver très-heureuse d'en

avoir un morceau. Mais puis-
qu'il a bien voulu en envoyer
un tout entier pour toi,
n'est-ce pas une folie de pleurer, parce que ce gâteau
n'est pas tout-à-fait aussi
grand que celui de ta sœur !

LOUISE.

Mais pourquoi ma sœur
n'a-t-elle pas le petit?

MADAME DURBAN.

Je te demande, à mon tour, pourquoi tu aurais le le plus grand?

LOUISE.

Parce que j'aurais voulu l'avoir.

MADAME DURBAN.

Et ta sœur n'aurait-elle pas voulu l'avoir comme toi?

Je suis pourtant persuadée qu'elle n'aurait pas répandu follement des larmes, si par hasard elle avait eu le plus petit.

LOUISE.

Mais ma sœur n'est pas si grande que moi.

MADAME DURBAN.

Je ne suis pas si grande que ta tante. Cependant,

lorsqu'il n'y a que deux gâteaux, tu ne la vois jamais me donner le plus petit ; parce que je ne suis pas de sa taille. Penses-tu que ton oncle fût bien content de toi, si je lui disais la manière dont tu viens de te conduire? Les enfants d'un bon caractère sont toujours bien aises, lorsque leurs frères ou leurs sœurs ont quelque chose qui leur fait plaisir. Ils se privent même quelquefois de ce qu'ils ont pour leur donner.

Ta sœur, par exemple, te donna hier une orange tout entière, quoiqu'elle n'eût que celle-là. Et tu lui envies aujourd'hui son gâteau, parce qu'il est un peu plus grand que le tien. Il me semble qu'à ta place, je ne se serais guère contente de moi.

LOUISE.

Oui, maman, tu as raison, je me sens bien honteuse de ma vilaine jalousie et de ma gourmandise. Mais sois tranquille, je saurai si bien me corriger, que tu n'auras plus de reproches à me faire.

LIMOGES. — IMPR. DE BARBOU FRÈRES.

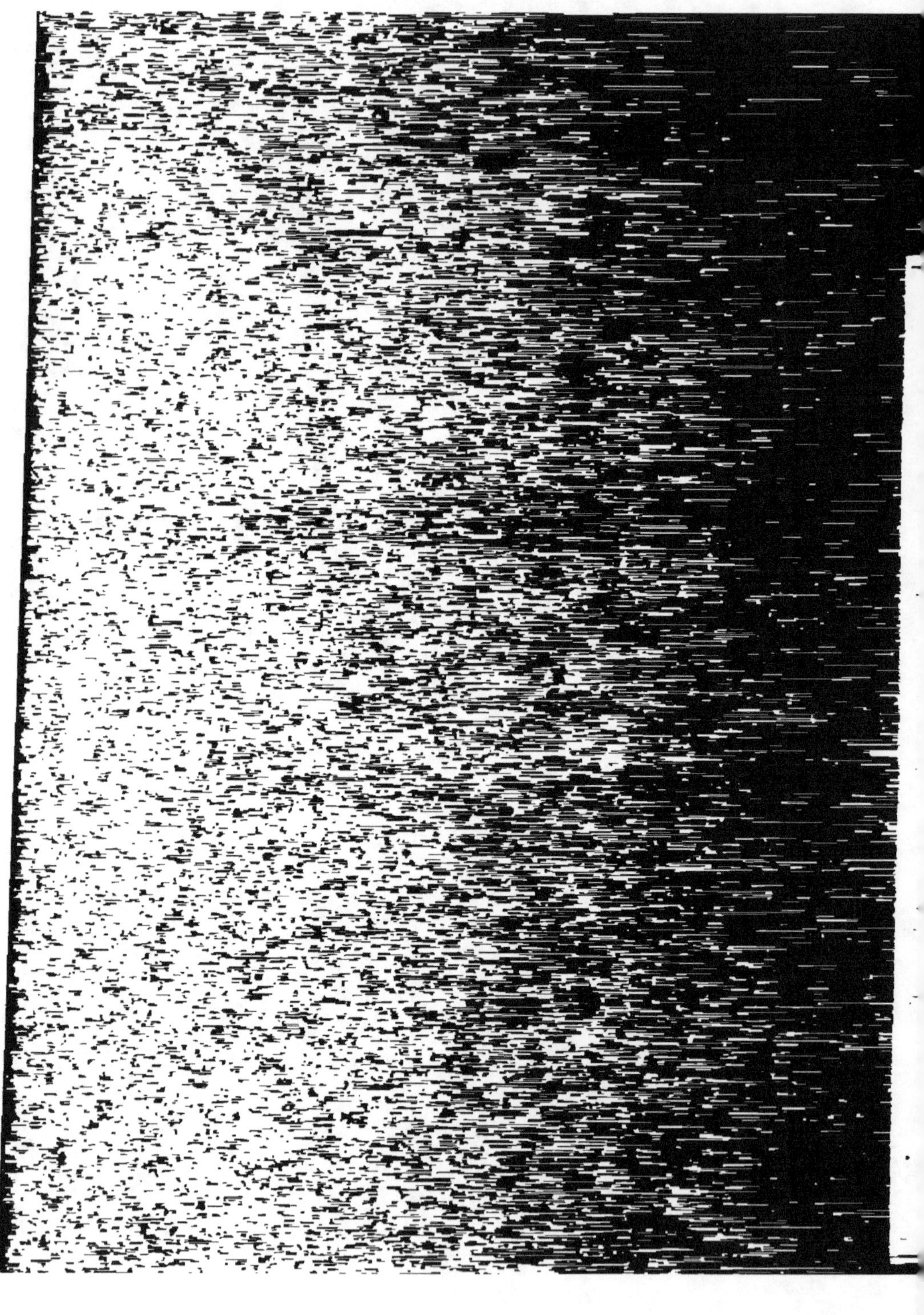